JN221770

最後まで見てくださって
ありがとうございます！
これからも 私のことを
愛してくださいね… ♥
しらい

-Staff-

Photographer	小野寺廣信 (Boulego)
Stylist	黒瀬結以
Hair&Make-up	太田順子
Designer	ririko
Producer	斉藤弘光 (TRANSWORLD JAPAN)
Editor	RAIRA(TRANSWORLD JAPAN)
Editor assistant	金山京子
Sales	原田聖也 (TRANSWORLD JAPAN)

- 撮影協力 -

- 衣装協力 -

原宿シカゴ 原宿店 03-6427-5505 / Ank Rouge 03-3372-8175 / MILK 03-3407-9192 / HEIHEI 03-6447-0771

2019 年 10 月 25 日　初版第 1 刷発行

発行者	佐野 裕
発行所	トランスワールドジャパン株式会社
	〒 150-0001 東京都渋谷区神宮前 6-34-15 モンターナビル
	Tel：03-5778-8599 Fax：03-5778-8743
印刷・製本	三松堂株式会社

Printed in Japan ISBN 978-4-86256-268-5